FULL SCORE

WSL-19-007

＜吹奏楽セレクション楽譜＞

オフロスキーかぞえうた

小林顕作　作曲
郷間幹男　編曲

楽器編成表		
木管楽器	**金管・弦楽器**	**打楽器・その他**
Piccolo	B♭ Trumpet 1	Drums
Flutes 1 (& *2)	B♭ Trumpet 2	Timpani
Oboe	*B♭ Trumpet 3*	Conga
Bassoon	F Horns 1 (& *2)	Sus.Cymbal
E♭ Clarinet	F Horns 3 (& *4)	Xylophone
B♭ Clarinet 1	Trombone 1	
B♭ Clarinet 2	Trombone 2	
B♭ Clarinet 3	*Trombone 3*	Full Score
Alto Clarinet	Euphonium	
Bass Clarinet	Tuba	
Alto Saxophone 1	Electric Bass	
Alto Saxophone 2	(String Bass) ※パート譜のみ	
Tenor Saxophone		
Baritone Saxophone		

＊イタリック表記の楽譜はオプション

Winds Score
Spielen Musik.

オフロスキーかぞえうた

◆曲目解説◆

　Eテレ（NHK教育）のキッズ向け大人気番組「みいつけた！」に出演しているキャラクター、オフロスキーが番組内で歌っている楽曲です。子ども達はもちろん、大人からも人気を誇るオフロスキー。ピンク色の牛柄模様の服を身にまといシュールでコミカルな動きを見せるキャラクターです。そんな彼が歌うこの『オフロスキーかぞえうた』は、オフロスキー自身の紹介がかぞえうたを用いた可愛らしい歌詞で歌われています。軽快なラテン調で明るく元気いっぱいのこの曲は、聞いていると思わず踊り出してしまいそう！今回はそんな楽曲を、原曲の雰囲気を活かした吹奏楽アレンジに仕上げました。明るく華やかな吹奏楽サウンドにぴったりとマッチした楽曲です。番組中でダンス付きで歌われるため、子ども達とも一緒に歌って踊ることができます♪

◆郷間幹男　プロフィール◆

　中学よりトロンボーンを始め、大学在学中に「YAMAHA T・M・F」全国大会優勝・グランプリ受賞。
　1997年、ファンハウス（現ソニー・ミュージックレーベルズ）よりサックス・プレイヤーとしてメジャーデビュー。デビューシングル『GIVE YOU』は、フジTV系「平成教育委員会」エンディングテーマ、サークルK CMテーマ曲になり、オリコンチャートや、全国各地のFMチャート上位を独占。その他にも日本コカ・コーラ社のオリンピック・タイアップ曲や、フジTV系「発掘あるある大辞典II」などのBGMを演奏。
　芸能活動を続けながらも吹奏楽指導や作・編曲など、吹奏楽活動も積極的に続け、中でもブラス・アレンジにはかなりの定評がある。
　これまでの経験を活かし株式会社ウィンズスコアを設立、代表取締役社長に就任。現在、社長業の傍ら全国の吹奏楽トップバンドへの編曲や指導なども行っており、その実力からコンクール、アンサンブルコンテストの審査員も務める。
　主な作品に、『コンサートマーチ「虹色の未来へ」』（2018年度全日本吹奏楽コンクール課題曲）等がある。

オフロスキーかぞえうた

小林顕作 作曲
郷間幹男 編曲

ご注文について

ウィンズスコアの商品は全国の楽器店、ならびに書店にてお求めになれますが、店頭でのご購入が困難な場合、当社PC&モバイルサイト・電話からのご注文で、直接ご購入が可能です。

◎当社PCサイトでのご注文方法

http://www.winds-score.com

上記のURLへアクセスし、WEBショップにてご注文ください。

◎電話でのご注文方法

TEL . 0120-713-771

営業時間内にお電話いただければ、電話にてご注文を承ります。

◎モバイルサイトでのご注文方法

右のQRコードを読み取ってアクセスいただくか、
URLを直接ご入力ください。

Piccolo

オフロスキーかぞえうた

小林顕作 作曲
郷間幹男 編曲

Flutes 1&2

オフロスキーかぞえうた

小林顕作 作曲
郷間幹男 編曲

Oboe

オフロスキーかぞえうた

小林顕作 作曲
郷間幹男 編曲

Bassoon

オフロスキーかぞえうた

小林顕作 作曲
郷間幹男 編曲

オフロスキーかぞえうた

小林顕作 作曲
郷間幹男 編曲

オフロスキーかぞえうた

B♭ Clarinet 1

WindsScore Spielen Musik.

小林顕作　作曲
郷間幹男　編曲

オフロスキーかぞえうた

B♭ Clarinet 2

小林顕作 作曲
郷間幹男 編曲

オフロスキーかぞえうた

B♭ Clarinet 3

小林顕作 作曲
郷間幹男 編曲

Alto Clarinet

オフロスキーかぞえうた

小林顕作 作曲
郷間幹男 編曲

Bass Clarinet

オフロスキーかぞえうた

小林顕作 作曲
郷間幹男 編曲

Alto Saxophone 1

オフロスキーかぞえうた

小林顕作　作曲
郷間幹男　編曲

Alto Saxophone 2

オフロスキーかぞえうた

小林顕作　作曲
郷間幹男　編曲

Tenor Saxophone

オフロスキーかぞえうた

小林顕作 作曲
郷間幹男 編曲

Baritone Saxophone

オフロスキーかぞえうた

小林顕作　作曲
郷間幹男　編曲

オフロスキーかぞえうた

B♭ Trumpet 1

小林顕作 作曲
郷間幹男 編曲

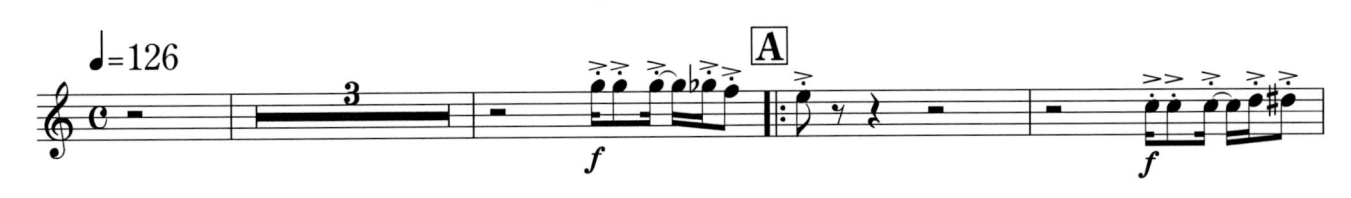

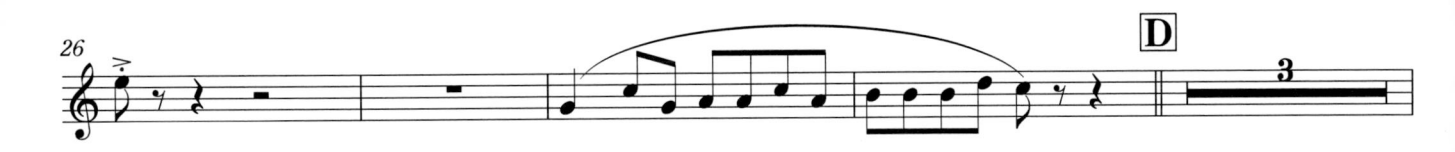

オフロスキーかぞえうた

小林顕作 作曲
郷間幹男 編曲

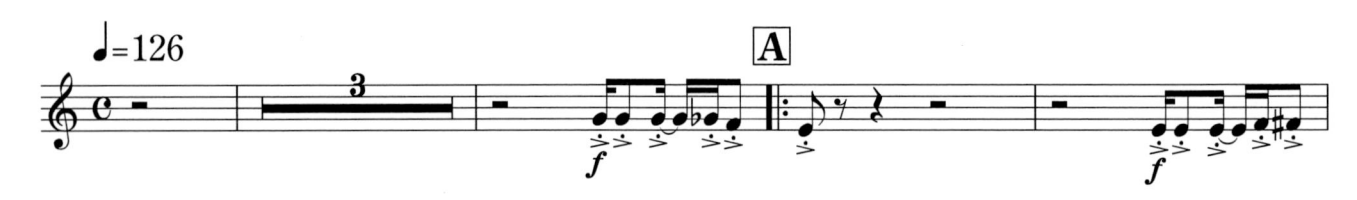

B♭ Trumpet 3

オフロスキーかぞえうた

小林顕作 作曲
郷間幹男 編曲

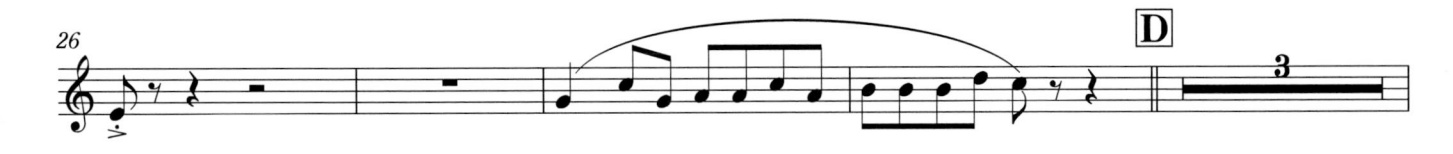

オフロスキーかぞえうた

小林顕作 作曲
郷間幹男 編曲

F Horns 3&4

オフロスキーかぞえうた

小林顕作 作曲
郷間幹男 編曲

Trombone 1

オフロスキーかぞえうた

小林顕作 作曲
郷間幹男 編曲

オフロスキーかぞえうた

小林顕作 作曲
郷間幹男 編曲

Trombone 3

オフロスキーかぞえうた

小林顕作 作曲
郷間幹男 編曲

オフロスキーかぞえうた

小林顕作 作曲
郷間幹男 編曲

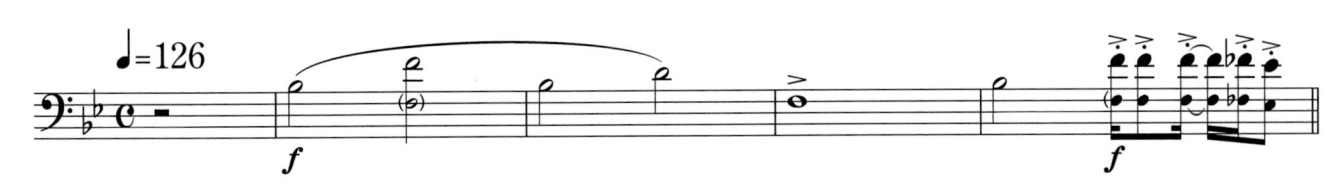

Tuba

オフロスキーかぞえうた

小林顕作　作曲
郷間幹男　編曲

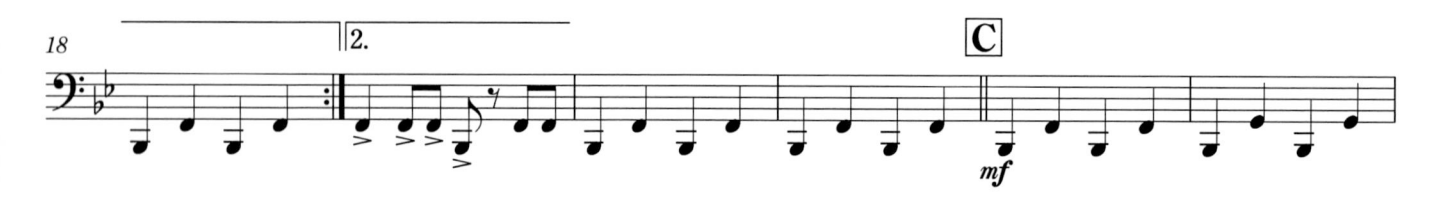

オフロスキーかぞえうた

小林顕作 作曲
郷間幹男 編曲

String Bass

オフロスキーかぞえうた

小林顕作 作曲
郷間幹男 編曲

Drums

オフロスキーかぞえうた

小林顕作 作曲
郷間幹男 編曲

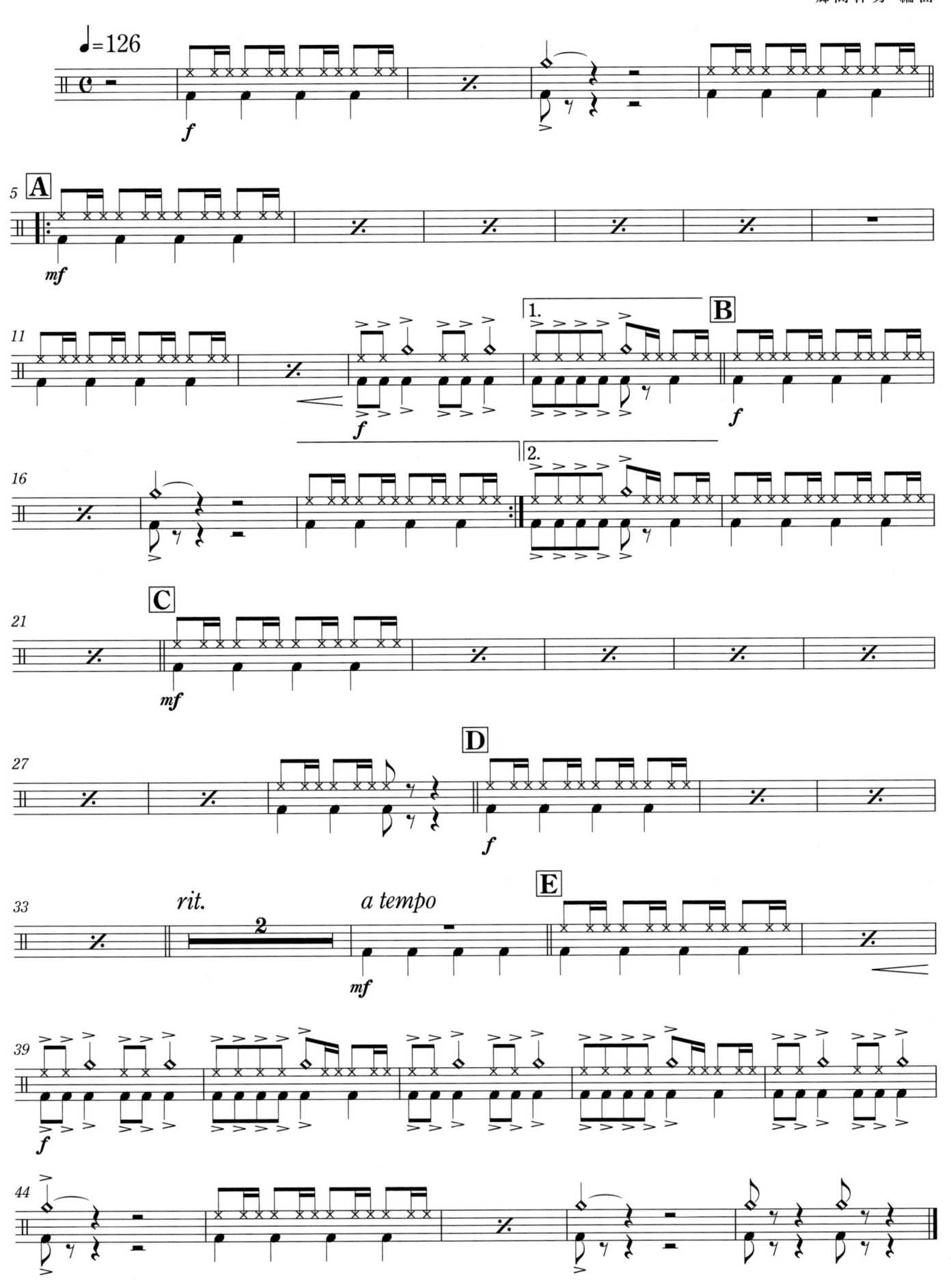

Timpani

オフロスキーかぞえうた

小林顕作 作曲
郷間幹男 編曲

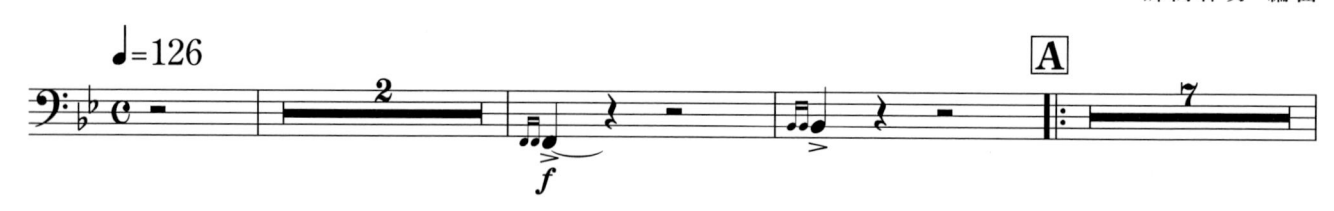

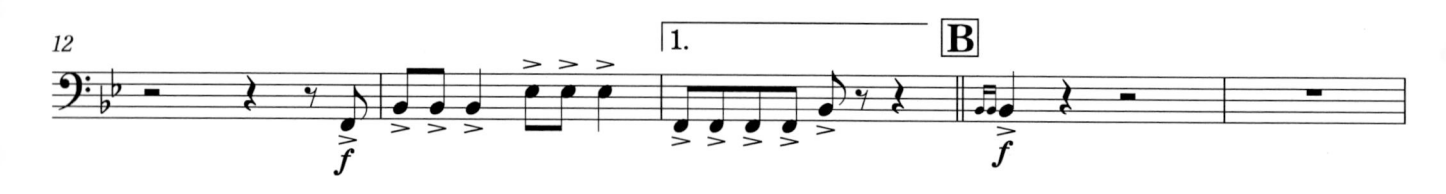

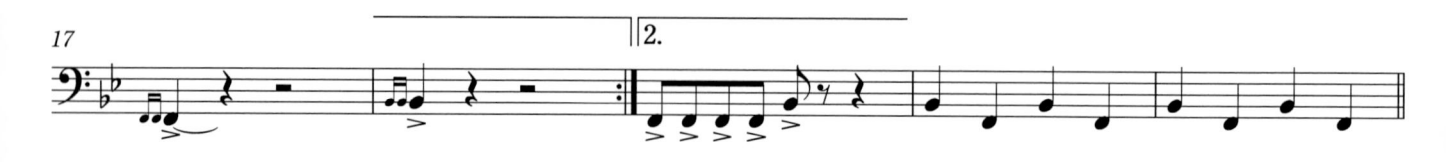

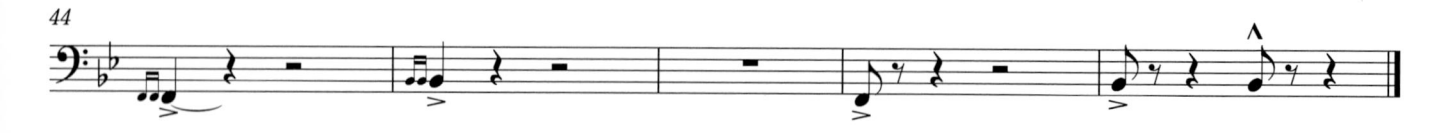

Conga

オフロスキーかぞえうた

小林顕作 作曲
郷間幹男 編曲

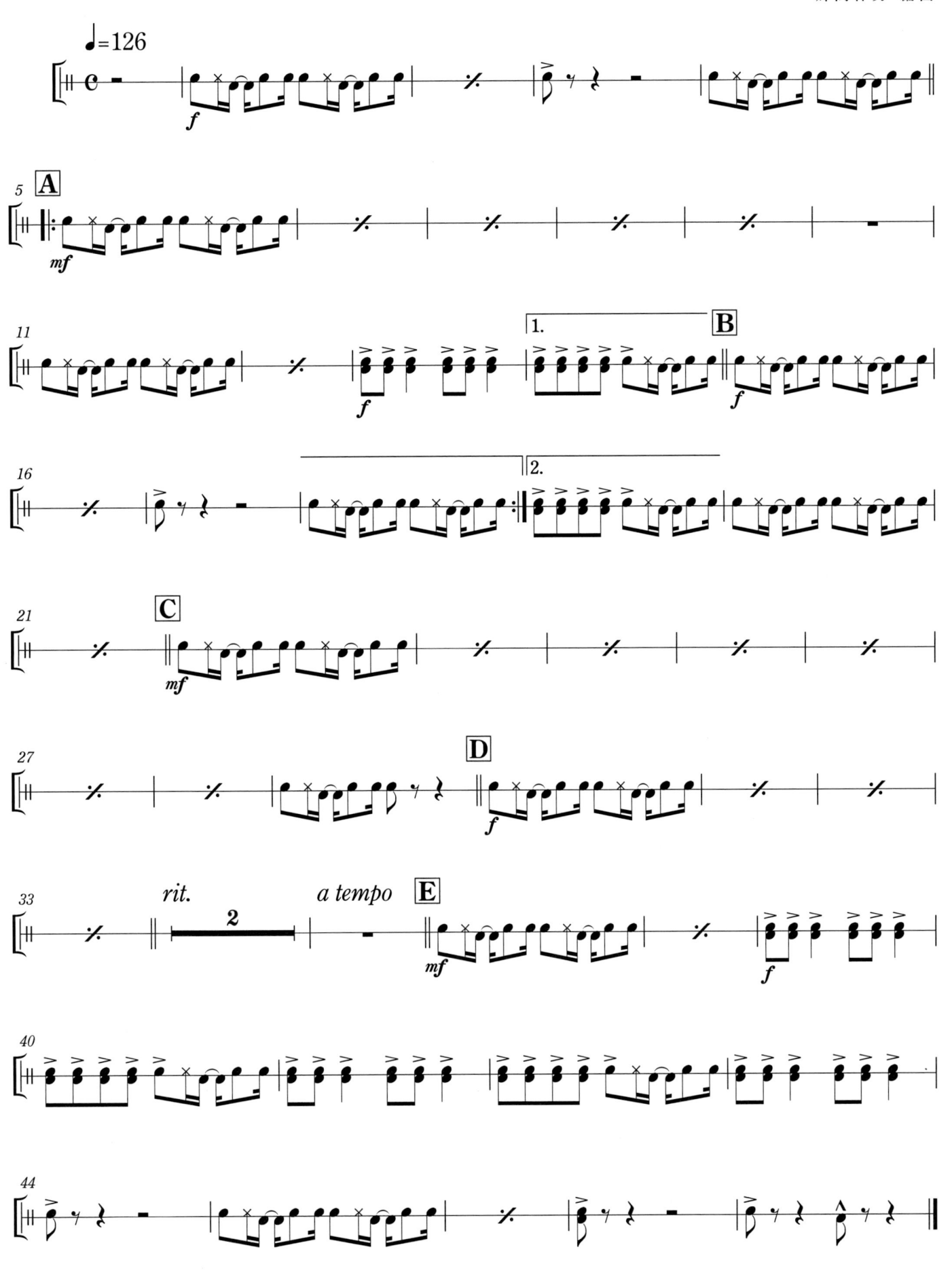

Sus.Cymbal

オフロスキーかぞえうた

小林顕作　作曲
郷間幹男　編曲

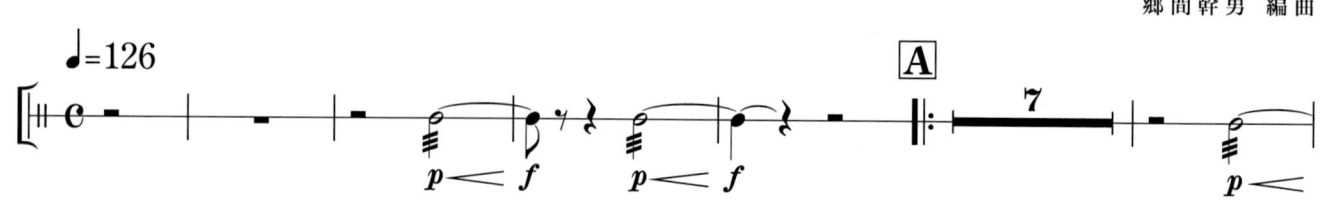

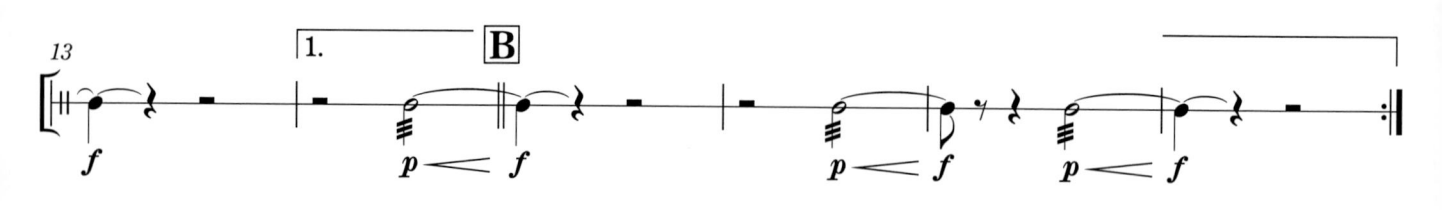

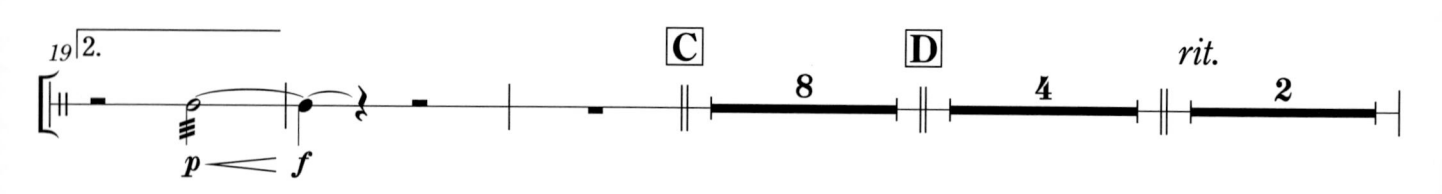

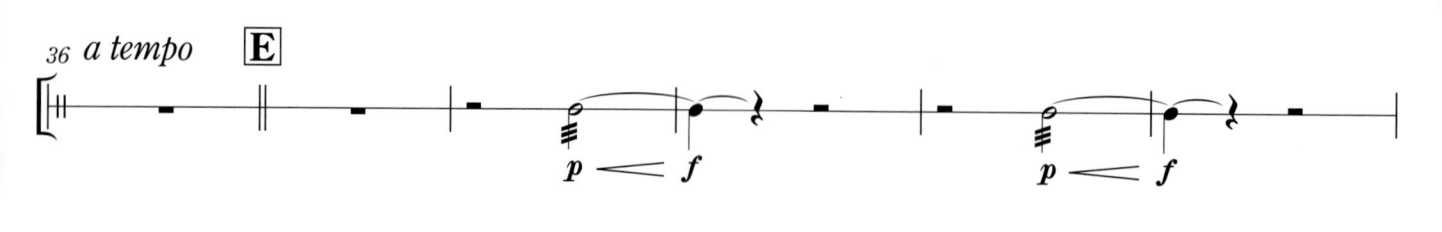

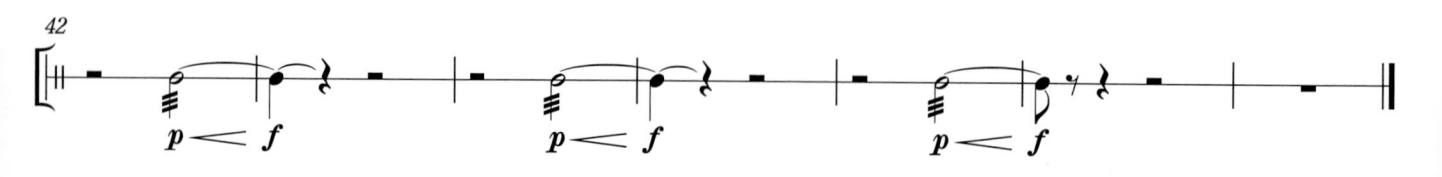

WindsScore
Spielen Musik.

オフロスキーかぞえうた

Xylophone

小林顕作 作曲
郷間幹男 編曲

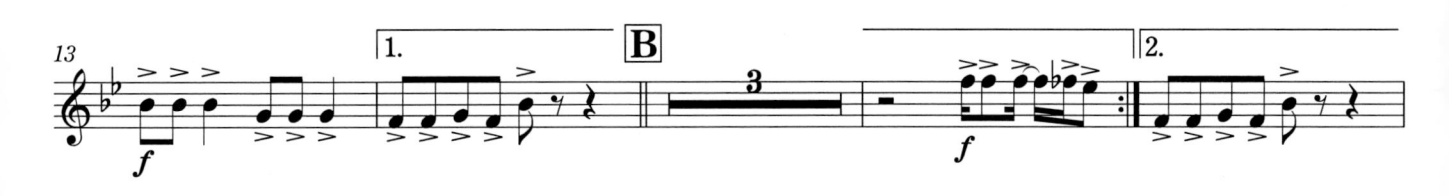

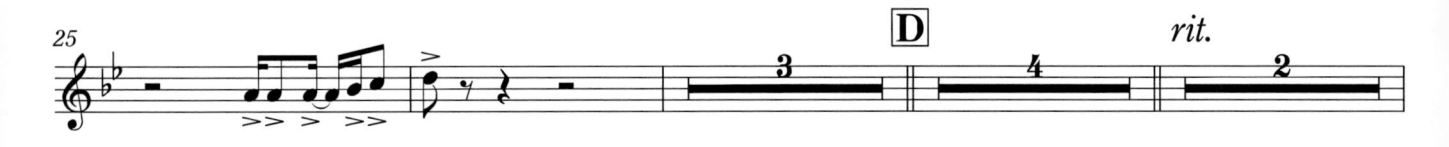